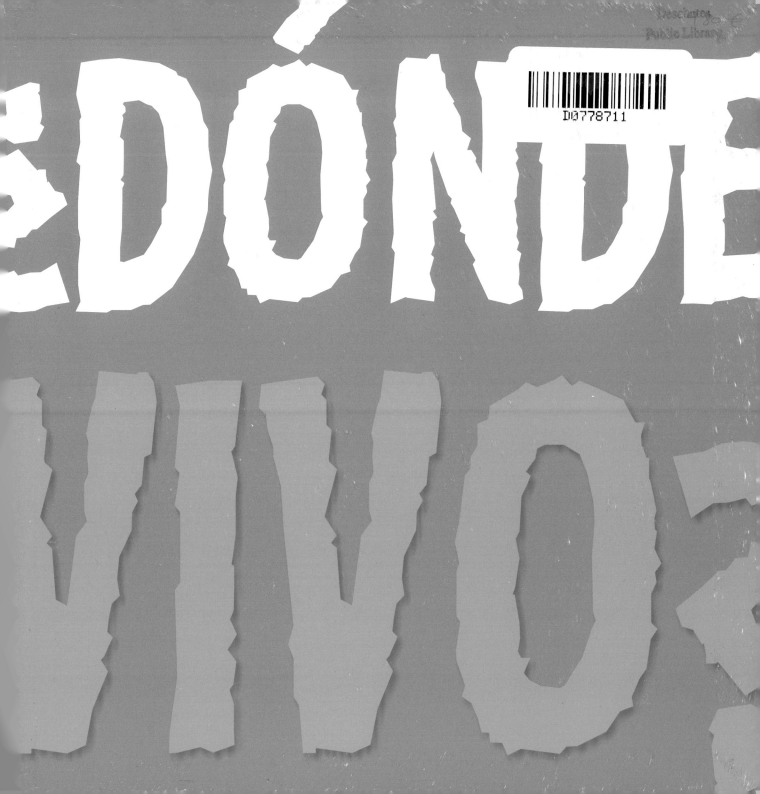

¿DÓNDE

VIVO?

D0778711

C.1

¿Dónde vivo?

EL COCODRILO

Montse Ganges
Jordi Sales

Combel
EDITORIAL
www.combeleditorial.com

¿HAY ALGUIEN AHÍ?

¿Hay alguien ahí?

3

¡SÍ! ¡ES EL COCODRILO!
PERO ¿DÓNDE VIVE EL COCODRILO?

¡Sí! ¡Es el cocodrilo!
Pero ¿dónde vive el cocodrilo?

5

¿EL COCODRILO VIVE EN EL GIMNASIO?
¡NO, NOOOOOO!
QUE A ÉL LE GUSTA ESTARSE MUY QUIETO
Y ALLÍ LE HARÍAN CORRER.

¿El cocodrilo vive en el gimnasio?
¡No, noooooo!
Que a él le gusta estarse muy quieto
y allí le harían correr.

7

¿EL COCODRILO VIVE EN UNOS
GRANDES ALMACENES?
¡NO, NOOOOOO!
QUE LE HARÍAN PROBARSE ROPA
Y PASARÍA MUCHA VERGÜENZA.

¿El cocodrilo vive en
unos grandes almacenes?
¡No, noooooo!
Que le harían probarse ropa
y pasaría mucha vergüenza.

8

¿EL COCODRILO VIVE EN EL CINE?
¡NO, NOOOOOO!
QUE TENDRÍA MIEDO, TODO EL DÍA
SENTADO A OSCURAS.

¿El cocodrilo vive en el cine?
¡No, noooooo!
Que tendría miedo, todo el día
sentado a oscuras.

¿EL COCODRILO VIVE EN LA ESCUELA?
¡NO, NOOOOOO!
QUE NO SABRÍA A QUÉ JUGAR
A LA HORA DEL RECREO.

¿El cocodrilo vive en la escuela?
¡No, noooooo!
Que no sabría a qué jugar
a la hora del recreo.

12

13

¿EL COCODRILO VIVE EN UN CASTILLO?
¡NO, NOOOOOO!
QUE TIENE LAS PATAS MUY CORTAS
Y NO PODRÍA SUBIR A LA TORRE.

¿El cocodrilo vive en un castillo?
¡No, noooooo!
Que tiene las patas muy cortas
y no podría subir a la torre.

15

¿EL COCODRILO VIVE EN EL POLO NORTE?
¡NO, NOOOOOO!
QUE SIEMPRE ARRASTRA LA PANZA
Y SE LE CONGELARÍA.

¿El cocodrilo vive en el Polo Norte?
¡No, noooooo!
Que siempre arrastra la panza
y se le congelaría.

16

17

¿EL COCODRILO VIVE EN UN RÍO TROPICAL?
¡SÍ, SÍÍÍÍÍÍ!
QUE ALLÍ PUEDE NADAR,
ENCONTRAR COMIDA Y DESCANSAR
EN LA ORILLA.

¿El cocodrilo vive en un río tropical?
¡Sí, síííííí!
Que allí puede nadar,
encontrar comida y descansar
en la orilla.

SOY UN COCODRILO. LOS COCODRILOS SOMOS REPTILES
Y TENEMOS LA PIEL CUBIERTA DE ESCAMAS.
VIVIMOS EN LOS RÍOS TROPICALES Y NOS GUSTA NADAR
Y TOMAR EL SOL EN LA ORILLA.

SOMOS CARNÍVOROS Y COMEMOS MAMÍFEROS Y AVES ACUÁTICAS. POR ESO TENEMOS ESOS DIENTES TAN LARGOS Y AFILADOS, PARA PODER CORTAR LA CARNE A PEDACITOS.

SOMOS OVÍPAROS; ESTO SIGNIFICA QUE NACEMOS DE HUEVOS. LAS HEMBRAS PONEN LOS HUEVOS Y LOS ENTIERRAN PARA PROTEGERLOS. CUANDO LAS CRÍAS SALEN DEL HUEVO, LA MADRE SE LAS METE EN LA BOCA Y LAS LLEVA AL AGUA.

EN EL MUNDO EXISTEN 14 ESPECIES DE COCODRILOS.
¿QUIERES QUE TE PRESENTE ALGUNAS?

COCODRILO DEL NILO

COCODRILO MALAYO

CAIMÁN DE BRASIL

COCODRILO PORO...

23

¡HASTA PRONTO! ¡OS ESPERO EN MI RÍO TROPICAL!

¡Hasta pronto! ¡Os espero
en mi río tropical!

13

Riders zoom through the air
on a flying roller coaster.
Seats hang from big tracks.

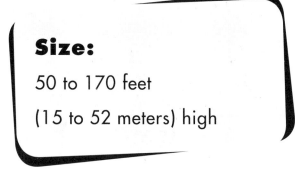

Size:
50 to 170 feet
(15 to 52 meters) high

15

Biggest

Harnesses go over riders' shoulders on inverted coasters. Big loops turn riders upside down.

Size:

149 to 215 feet (45 to 66 meters) high

Big wooden planks crisscross under cars on wooden coasters. Riders speed down a 155-foot (47-meter) drop on the Mean Streak wooden coaster.

Size:
25 to 218 feet
(8 to 66 meters) high

Seats spin in all directions on a 4th Dimension coaster. This wild coaster sends riders headfirst down big hills.

Size:
83 to 249 feet
(25 to 76 meters) high

Glossary

conductor — a person who drives a train

harness — a set of straps or bars that hold a rider safely in place on a roller coaster

inverted — upside down

loop — a circle

plank — a piece of wood that holds something in place

thrill — a feeling of excitement

track — a set of steel or wooden rails that make a path for roller coasters and trains

Read More

Mason, Paul. *Roller Coaster!* Chicago: Raintree, 2007.

Stone, Lynn M. *Roller Coasters.* How Are They Built? Vero Beach, Fla.: Rourke, 2002.

Internet Sites

FactHound offers a safe, fun way to find Internet sites related to this book. All of the sites on FactHound have been researched by our staff.

Here's all you do:

Visit *www.facthound.com*

FactHound will fetch the best sites for you!

Index

Word Count: 142

Grade: 1

Early-Intervention Level: 21